MARIA CALLAS

GIOACCHINO ROSSINI

Armida

CRÉDITS

LE FIGARO

Directeur général - directeur de la publication : Marc Feuillée
Direction du projet : Lionel Rabiet
Direction d'édition : Stéphane Chabenat, Éditions de l'Opportun
Direction artistique : Constance Gournay
Chef de produit : Émilie Bagault
Fabrication : Marion de Chalonge
Maquette : IDzine
Suivi éditorial : Bénédicte Gaillard
Mastering : Art & Son
Photographies : DR, Rue des Archives

Edité par : La Société du Figaro
14, boulevard Haussmann - 75009 Paris
Tél. : 01 57 08 50 00 - www.lefigaro.fr
Dépôt légal : décembre 2010

ISBN Collection : 978-2-8105-0280-6
ISBN volume n°29 : 978-2-8105-0354-4

Achevé d'imprimer : octobre 2011
Fabriqué par Pozzoli (Italie)

Pour toute information ou pour commander
les volumes de la collection qu'il vous manque,
rendez-vous sur notre site

www.lefigaro.fr/callas

Vous pouvez également nous contacter par téléphone
au 0 810 344 276 (0 810 LE FIGARO*)
* prix d'un appel local

MARIA CALLAS

VOLUME 1 TOSCA
Giacomo Puccini
Giuseppe di Stefano, Tito Gobbi
Orchestre et Chœur de la Scala de Milan, Victor de Sabata

VOLUME 2 AÏDA
Giuseppe Verdi
Richard Tucker, Fedora Barbieri, Tito Gobbi, Giuseppe Modesti, Nicola Zaccaria,
Orchestre et Chœur de la Scala de Milan, Tullio Serafin

VOLUME 3 NORMA
Vincenzo Bellini
Mario Filippeschi, Ebe Stignani, Nicola Rossi-Lemeni
Orchestre et Chœur de la Scala de Milan, Tullio Serafin

VOLUME 4 LA TRAVIATA
Giuseppe Verdi
Francesco Albanese, Ugo Savarese, Ines Marietti
Orchestre Symphonique de Turin, Gabriele Santini

VOLUME 5 LA BOHÈME
Giacomo Puccini
Giuseppedi Stefano, Rolando Panerai, Anna Moffo
Orchestre et Chœur de la Scala de Milan, Antonino Votto

VOLUME 6 LA FORCE DU DESTIN
Giuseppe Verdi
Richard Tucker, Carlo Tagliabue, Elena Nicolai, Dario Caselli
Orchestre et Chœur de la Scala de Milan, Tullio Serafin

VOLUME 7 LE BARBIER DE SÉVILLE
Gioacchino Rossini
Luigi Alva, Tito Gobbi
Philharmonia Orchestra, Alceo Galliera

VOLUME 8 RIGOLETTO
Giuseppe Verdi
Giuseppe di Stefano, Tito Gobbi,
Orchestre et Chœur de la Scala de Milan, Tullio Serafin

VOLUME 9 MANON LESCAUT
Giacomo Puccini
Giuseppe di Stefano, Giulio Fioravanti,
Orchestre et Chœur de la Scala de Milan, Tullio Serafin

VOLUME 10 LA SONNAMBULA
Vincenzo Bellini
Nicola Monti, Nicola Zaccaria, Fiorenza Cossotto
Orchestre et Chœur de la Scala de Milan, Antonino Votto

MARIA CALLAS

VOLUME 11 IPHIGÉNIE EN TAURIDE
C. Willibald Gluck
Dino Dondi, Francesco Albanese, Anselmo Colzani,
Orchestre et Chœur de la Scala de Milan, Nino Sanzogno

VOLUME 12 TURANDOT
Giacomo Puccini
Elisabeth Schwarzkopf, Eugenio Fernandi, Nicola Zaccaria,
Orchestre et Chœur de la Scala de Milan, Tullio Serafin

VOLUME 13 ANNA BOLENA
Gaetano Donizetti
Giulietta Simionato, Nicola Rossi-Lemeni, Gabriella Carturan,
Orchestre et Chœur de la Scala de Milan, Gianandrea Gavazzeni

VOLUME 14 MADAME BUTTERFLY
Giacomo Puccini
Lucia Danieli, Nicolai Gedda, Luisa Villa…
Orchestre et Chœur de la Scala de Milan

VOLUME 15 MÉDÉE
Luigi Cherubini
Renata Scotto, Miriam Pirazzini, Mario Picci
Orchestre et Chœur de la Scala de Milan, Tullio Serafin

VOLUME 16 LA GIOCONDA
Amilcare Ponchielli
Fedora Barbieri, Maria Amadini, Gianni Poggi, Paolo Silveri,
Orchestre symphonique de la Rai, Antonino Votto

VOLUME 17 CAVALLERIA RUSTICANA / PAILLASSE
Pietro Mascagni / Ruggero Leoncavallo
Giuseppe di Stefano, Rolando Panerai, Tito Gobbi,
Orchestre et Chœur de la Scala de Milan, Tullio Serafin

VOLUME 18 LE TROUVÈRE
Giuseppe Verdi
Giuseppe di Stefano, Nicola Zaccaria, Luisa Villa…
Orchestre et Chœur de la Scala de Milan, Herbert von Karajan

VOLUME 19 ANDREA CHÉNIER
Umberto Giordano
Mario del Monaco, Aldo Protti, Maria Amadini
Orchestre et Chœur de la Scala de Milan, Antonino Votto

VOLUME 20 LUCIA DI LAMMERMOOR
Gaetano Donizetti
Giuseppe di Stefano, Tito Gobbi,
Orchestre et Chœur du Mai Musical Florentin, Tullio Serafin

VOLUME 21 **LA VESTALE**
Gaspare Spontini
Franco Corelli, Ebe Stignani, Enzo Sordello
Orchestre et Chœur de la Scala de Milan, Antonino Votto

VOLUME 22 **UN BAL MASQUÉ**
Giuseppe Verdi
Giuseppe Di Stefano, Tito Gobbi, Fedora Barbieri,
Orchestre et Chœur de la Scala de Milan, Antonino Votto

VOLUME 23 **I PURITANI**
Vincenzo Bellini
Giuseppe Di Stefano, Nicola Rossi-Lemeni, Rolando Panerai,
Orchestre et Chœur de la Scala de Milan, Tullio Serafin

VOLUME 24 **LE TURC EN ITALIE**
Gioacchino Rossini
Nicola Rossi-Lemeni, Nicolai Gedda,
Orchestre et Chœur de la Scala de Milan, Gianandrea Gavazzeni

VOLUME 25 **LES VÊPRES SICILIENNES**
Giuseppe Verdi
Enzo Mascherini, Bruno Carmassi, Boris Christoff, Mario Frosini,
Orchestre et Chœur du Mai Musical Florentin, Eric Kleiber

VOLUME 26 **AIRS DE CONCERT**
Les plus beaux airs du répertoire interprétés
sur scène ainsi que son premier récital
Extraits de Carmen, La Wally, Norma, Lakmé,
Enlèvement au Sérail, MacBeth, Hamlet…

VOLUME 27 **NABUCCO**
Giuseppe Verdi
Gino Bechi, Luciano Neroni...
Chœur et Orchestre du San Carlo de Naples, direction Vittorio Gui

VOLUME 28 **IL PIRATA**
Vincenzo Bellini
Costantino Ego, Glade Peterson...
Chœur et Orchestre de l'American Opera Society,
direction Nicola Rescigno

VOLUME 29 **ARMIDA**
Gioacchino Rossini
Francesco Albanese, Maria Filippeschi, Gianni Raimondi
Chœur et Orchestre du Mai musical Florentin, direction Tullio Serafin

VOLUME 30 **PARSIFAL**
Richard Wagner
Rolando Panerai, Boris Christoff, Africo Baldelli...
Chœur et Orchestre de la RAI, direction Vittorio Gui

Maria Callas
une vie, un destin...

Comme celui d'Herbert von Karajan, le nom de Maria Callas est universellement connu. Parce que, comme Herbert von Karajan a dédié sa vie à la musique, Maria Callas a voué sa vie au chant, à l'opéra. Mais comme Herbert von Karajan, Maria Callas a aussi été, au-delà de son rayonnement artistique, une étoile de la jet-set internationale, une star qui a défrayé la chronique. Et comme Herbert von Karajan, Maria Callas a été guidée par un destin qui en a fait, au-delà d'une artiste exceptionnelle, une personnalité unique, une légende.

Sa voix, c'est vrai, possédait quelque chose de rare, un timbre d'abord, sa signature sonore, reconnaissable entre mille. Mais elle était dynamisée par une présence scénique absolument renversante, une puissance tragique, une force de conviction ardente. Et elle avait aussi une conscience aiguë de son art, de sa mission : avant elle, l'opéra végétait dans des représentations trop tranquilles ; Maria Callas est arrivée comme une tornade avec ce feu dans la voix et a redonné vie à cet art assoupi : il y a aujourd'hui un avant et un après Callas. Et cela continue de s'entendre avec la même intensité, cinquante ans après – car Maria Callas a été la première chanteuse moderne.

C'est ce qui donne envie de la connaître, de l'entendre, car au-delà d'une vie et d'un destin exceptionnels, la voix de Maria Callas est un des trésors de l'humanité.

ALAIN DUAULT

GIOACCHINO ROSSINI (1792 – 1868)
Armida

CD1
1) Ouverture 6'22
Acte 1
2) Lieto ridente oltre l'usato (chœur) 2'07
3) Ah! no: sia questo di tregua il giorno (Goffredo) 1'47
4) Arditi, all'ire farem ritorno (Goffredo, chœur) 1'56
5) Si, guerrieri, fian sacre (Goffredo) 0'57
6) Gernando, a te richiede donna real (Eustazio, Goffredo, chœur) 1'58
7) Signor, tanto il tuo nome (Armida, Goffredo, Idraote, Eustazio) 3'28
8) Sventurata! or che mi resta (Armida, Goffredo, Idraote, Eustazio, chœur) 3'47
9) Or che farò? Ceder dovrò? (Goffredo, Armida, Eustazio, Idraote, chœur) 2'30
10) German, se togli al campo (Eustazio, Idraote, chœur, Goffredo, Armida) 1'18
11) Per me propizio il fato (Armida, Eustazio, Idraote, chœur, Goffredo) 1'34
12) Cedei, guerrieri, è ver (Goffredo, Eustazio, Gernando, Armida) 1'53
13) Come! a Dudon costui succede? (Gernando) 1'59
14) Non soffrirò l'offesa (Gernando, chœur) 2'33
15) Grata quest'alma, costante la memoria (Rinaldo, Armida) 1'50
16) Amor... Possente nome! (Rinaldo, Armida) 4'08
17) Vacilla a quegli accenti (Rinaldo, Armida) 3'47
18) Ah! non poss'io resistere (Rinaldo, Armida) 0'41
19) Cara, per te quest'anima (Rinaldo, Armida) 1'57
20) Ecco il guerriero, il duce (Gernando, chœur, Rinaldo) 3'25
21) Se pari agli accenti (Rinaldo, Gernando, chœur, Armida) 3'09
22) Che terribile momento! (Armida, Rinaldo, chœur) 2'03
23) Sappia il duce il caso orrendo (chœur, Armida) 0'26
24) Deh! se cara a te son io (Armida, Rinaldo) 2'40
25) Vieni, o duce, punisci l'errore (chœur, Armida, Goffredo, Rinaldo) 1'48
26) Un astro di sangue (Tous) 2'32
Acte 2
27) Alla voce d'Armida possente (chœur) 3'37
28) Sovr'umano potere (Astarotte) 1'50
29) Di ferro e fiamme conti (chœur) 1'50
30) Ebben, l'istante è giunto (Astarotte) 0'53

CD2
Acte 2
1) Introduction 1'51
2) Dove son io! (Rinaldo, Armida) 3'13
3) Moi ben, questa che premi (Armida, Rinaldo) 1'53
4) No, d'Amor la reggia è questa (Armida, Rinaldo, chœur) 2'11
5) Canzoni amorose (chœur) 1'42
6) D'Amor al dolce impero (Armida, chœur) 7'50
7) Ballet 13'45
Acte 3
8) Come l'aurette placide (Carlo, Ubaldo) 2'48
9) Oh quanto, amico, d' Ascalona al saggio (Ubaldo, Carlo) 0'48
10) T'inganni. A noi sen viene (Carlo, Ubaldo, chœur)* 3'30
11) Fuggite infernei mostri (Ubaldo, Carlo)* 1'18
12) Soavi catene (Armida, Rinaldo)* 2'34
13) O mio Rinaldo, ammira (Armida, Rinaldo) 2'25
14) Lo splendor di que'rai (Rinaldo, Ubaldo, Carlo) 2'15
15) In quale aspetto imbelle (Rinaldo, Carlo, Ubaldo) 3'37
16) S'hai cor bastante in petto (Ubaldo, Carlo, Rinaldo) 1'50
17) Unitevi a gara virtude, valore, (Rinaldo, Ubaldo, Carlo) 1'42
18) Musique de transformation 2'48
19) Sial lode al ciel, da quelle inique mura (Ubaldo, Carlo, Rinaldo, Armida) 1'24
20) Ed è pur vero?... (Armida, Rinaldo, Ubaldo, Carlo) 3'05
21) Se al mio crudel tormento (Armida, Rinaldo, Ubaldo, Carlo) 4'47
22) Dove son io!... Fuggi! (Armida) 4'50
23) Vendetta (Armida, chœur) 2'43

* Ces extraits souffrent d'un léger bruit parasite inhérent à la retransmission radiophonique
Unique document de Callas dans le rôle d'Armida
Armida : Maria Callas, soprano
Rinaldo : Francesco Albanese, ténor
Gernando : Mario Filippeschi, ténor
Goffredo : Alessandro Ziliani, ténor
Eustazio & Carlo : Gianni Raimondi, ténor
Ubaldo : Antonio Falvarezza, ténor
Astarotte : Marco Stefanoni, basse
Idraote : Mario Frosini, basse
Chœur et Orchestre du Mai Musical Florentin
Direction : Tulio Serafin
Enregistrement public du 26/04/1952

Maria Callas et ses metteurs en scène

Au service de sa majesté l'Œuvre

S'arrêter sur quelques spectacles clés qui firent la légende Maria Callas, c'est aussi braquer les projecteurs sur une petite poignée de metteurs en scène qui, sans avoir sûrement le génie de Luchino Visconti, fidèle complice de *Traviata, Somnambule* ou *Anna Bolena* demeurées historiques (voir notre volume 28), surent donner un cadre, une ligne aux célèbres incarnations de la cantatrice.

Pourquoi ne pas commencer par Herbert von Karajan (1908 – 1989), chef d'orchestre... et metteur en scène ? Dès les années 1940, Karajan s'intéresse à l'aspect visuel des opéras qu'il dirige, confiant les chefs-d'œuvre de Mozart, Verdi ou Wagner à une équipe restreinte de décorateurs et de costumiers. Cette pratique s'accentuera à la fin des années 1950, et bientôt, Karajan sera le seul maître à bord de « ses » spectacles, que ce soit à Vienne, Milan ou Salzbourg. À quoi ressemblaient les mises en scène de Karajan ? À en croire les témoignages (et quelques films d'opéras disponibles), à de grandioses sons et lumières ne reculant devant aucun effet décoratif, au sein desquels la caractérisation dramatique des personnages ne trouvait pas toujours sa place. « Karajan n'était pas un éducateur, il ne discutait jamais l'interprétation d'un rôle, confia un jour la soprano wagnérienne Birgit Nilsson. Il lui suffisait que l'on se place dans la lumière et que l'on renonce à toutes réactions extérieures. Lorsqu'il montait sur scène pour nous montrer les mouvements alors sa démarche et ses gestes étaient des plus curieux. Il se pavanait comme un coq dans une basse-cour, le derrière bien en arrière et la tête dressée. Cette comparaison rustique ne convient pas tout à fait au mythe, mais c'était exactement comme cela. »

Avec Callas, Karajan enregistra *Madame Butterfly* et *Le Trouvère*, mais en tant que chef *et* metteur en scène, dirigea à Milan, Berlin et Vienne, entre 1954 et 1956, trois séries de *Lucia di Lammermoor* qui furent, selon Richard Osborne « l'une de ses expériences lyriques les plus dépouillées » (*Karajan : Une vie pour la musique,* Éditions l'Archipel). Et Osborne de citer les souvenirs de Franco Zeffirelli : « Karajan ne tenta même pas de la diriger. Il se contenta de tout arranger autour d'elle. Pendant la scène de la folie, il la fit accompagner par une poursuite dans le noir, comme une danseuse. Rien d'autre. Il la laissa être musique, pure musique. » Que pensait le metteur en scène Karajan de l'actrice Callas ? « Elle était toujours disposée à donner le meilleur d'elle-même et, quand on la conseillait, elle y parvenait tout de suite, confia-t-il un jour, mais elle pouvait parfois faire sa diva. »

Cette diva, le scénographe et réalisateur italien Franco Zeffirelli est de ceux qui la connurent le mieux. Né en 1923 à Florence, Zeffirelli débute sa carrière en tant qu'assistant de Luchino Visconti. Mais contrairement à son maître, il privilégie vite la mise en scène d'opéra, dont il concevra généralement décors et costumes. Son style ? Ultra classique et invariablement monumental. Pour autant, lorsque l'inspiration est au rendez-vous, ses productions pharaoniques peuvent révéler une fine direction d'acteurs et une attention de chaque instant aux interprètes : ainsi, les spectaculaires *Bohème* et *Turandot* de Zeffirelli figurent-elles au répertoire de certaines grandes maisons d'opéra (Scala, Metropolitan Opera) plus de trente ans après leur naissance, rencontrant toujours les mêmes faveurs du public. Zeffirelli collabora avec Maria Callas à partir de 1955 : dans le *Turc en Italie* de Rossini, il prend un malin plaisir à stimuler la veine comique de la très sérieuse tragédienne Callas. Beau succès. En 1958, il monte pour elle une *Traviata* à l'Opéra de Dallas : « Je ne sais comment, expliquera la basse Paolo Montarsolo à Roland Mancini (*L'Art de Maria Callas*, Jacques Lorcey, Éditions Atlantica), mais grâce à elle, j'eus

Maria Callas et ses metteurs en scène

véritablement l'impression de pénétrer dans la chambre d'une agonisante ; son jeu, sa manière de parler étaient d'une telle authenticité que chacun de ses partenaires, des musiciens de l'orchestre ou du public avait le sentiment qu'elle allait réellement mourir d'un instant à l'autre. »
En 1964 à Londres, Maria incarne sa nouvelle Tosca : « Je suis venu pour Maria, affirme Zeffirelli (Jacques Lorcey, op. cit.), parce qu'une artiste de sa taille pouvait faire quelque chose de nouveau avec cette œuvre rabâchée. Ma Tosca n'est pas du tout cette diva qui se présente à l'église avec quatre douzaines de roses, une canne de tambour-major et un grand chapeau à plumes !... Je fus stupéfait de la rapidité avec laquelle Maria accepta mes idées et leur insuffla la vie… » Nouveau triomphe. La même année à l'Opéra de Paris, Zeffirelli et Callas donnent

> **Franco Zeffirelli réalisera ses meilleurs opus grâce au film-opéra, notamment une *Traviata* avec Teresa Stratas, sur laquelle semble planer l'ombre de Maria…**

Norma, suivie, en 1965, d'une reprise de leur *Tosca* londonienne : ce seront quasiment les dernières apparitions scéniques de la cantatrice. Poursuivant sa carrière à l'opéra, Franco Zeffirelli tournera pour le grand écran et réalisera ses meilleurs opus grâce au film-opéra, notamment une *Traviata* avec Teresa Stratas (1982), sur laquelle semble planer l'ombre de Maria. En 2001, soit vingt-quatre ans après la mort de la diva, le vieux réalisateur filme un hommage vibrant – quoiqu'un rien caricatural – à son idole, avec *Callas Forever* : l'histoire est celle d'une Callas à la voix brisée qui, recluse dans son appartement parisien, accepte d'incarner au cinéma ses plus célèbres rôles doublés par ses enregistrements d'autrefois. Ce fantasme de cinéaste permet surtout à Fanny Ardant de se glisser avec émotion et crédibilité dans la peau de Maria Callas.

Durant ses années de gloire, Maria Callas eut quelques riches expériences avec l'Autrichienne Margherita Wallman (1904 – 1992) : *Medea, Alceste, Norma, Un bal masqué*... Ancienne ballerine reconvertie en chorégraphe suite à un accident, Wallmann soignait tout particulièrement l'aspect visuel de ses mises en scène, fresques historiques réglées avec soin et sens de l'effet. Redoutée pour sa sévérité, cette artiste exigeante laisse des souvenirs émus de ses collaborations avec Maria : dans *Alceste* de Gluck, relate-t-elle dans ses *Mémoires* (Éditions Le Félin), « il y avait un moment qu'elle redoutait ; à la mort d'Alceste, des danseurs (ses gardes) la soulevaient pour l'emporter au fond du plateau, ses longs cheveux, blonds cette fois, balayant les planches sur une vingtaine de mètres. Mais, consciente de son poids, craignait qu'ils la laissent choir... Mais sa tension nerveuse lui donnait la légèreté d'une danseuse. Il ne fait pas de doute pour moi que ses origines grecques, se réveillant en elle quand elle s'identifiait aux personnages de la mythologie, suscitaient chez elle une stupéfiante vérité d'expression plastique. Elle "était" Médée ou Alceste, alors qu'elle "jouait" merveilleusement – Amelia dans mon *Ballo in Maschera*... »

Sans Callas, Wallmann participa à plusieurs créations mondiales : *David* de Milhaud (1953), *Dialogues des carmélites* de Poulenc (1957), *Meurtre dans la cathédrale* de Pizzetti (1958), etc.

Enfin, il serait injuste d'oublier, au rang cette fois des collaborateurs occasionnels de Maria, la cantatrice japonaise Hizi Koyke, auteur d'une *Madame Butterfly* à l'Opéra de Chicago (automne 1955) ou encore l'acteur et metteur en scène grec Alexis Minotis (1898 – 1990), qui signa pour elle une fameuse production de *Médée* de Cherubini, née à Dallas en 1959 et reprise à Londres, Milan, Épidaure... Ce bref panorama des metteurs en scène de Callas serait sûrement incomplet si l'on n'y mentionnait Pier Paolo Pasolini (1922 – 1975), dont la *Médée* fut pour la cantatrice une aventure unique : l'expérience de la tragédie sans paroles, vivante et brûlante par la seule force du geste et du regard. ●

THIBAULT BOUCHARD

GUIDE D'ÉCOUTE

GIOACCHINO ROSSINI
ARMIDA

CD 1 : Acte 1, Acte 2
CD 2 : Acte 2, Acte 3

Gioacchino ROSSINI

" Maria Callas et *Armida* ?
Trois petits tours et puis s'en va !
La formule est facile mais résume parfaitement ce que fut, au printemps 1952, la résurrection de cet opéra oublié de Gioacchino Rossini, que la cantatrice mit à son répertoire pour trois uniques représentations, étant presque assurée de ne plus y revenir par la suite. Quasi absente des scènes depuis le XIXe siècle, *Armida* trouvait sa place au sein d'un Mai Musical Florentin éminemment rossinien cette année-là, puisqu'y voisinaient *Le Comte Ory,*

La Pietra del Paragone, *La Scala di Seta* et *Tancrède*. De l'avis de tous, les trois représentations eurent quelque chose d'historique, tant fut ravivé à son plus haut niveau un art du *bel canto* que l'on croyait évanoui avec la disparition des grandes divas romantiques.
« J'ai étudié longuement la partition d'*Armide* déclara un jour le musicologue et écrivain Fedele d'Amico (cité par Jacques Lorcey dans *L'Art de Maria Callas*, Éditions Atlantica), mais je n'ai compris le sens de la "vocalisation" rossinienne

Gioacchino ROSSINI

qu'en entendant Callas dans ce rôle. » C'est encore Lorcey qui, à propos de l'air d'Armida/Callas au second acte *D'amore al dolce impero* estime qu'il constitue « le plus fabuleux témoignage des moyens inouïs dont dispose Callas à cette époque ». Rappelons que Maria est alors âgée de vingt-neuf ans, et qu'après avoir conquis l'Italie elle est en train de devenir une star internationale.

La partition d'*Armida*, troisième des neuf opéras *seria* napolitains de Rossini, a été exhumée par le fidèle Tullio Serafin, directeur du Mai Musical, « dans le seul but de mettre en valeur les moyens phénoménaux de

> **Maria Callas ne lèguera jamais au studio son interprétation d'*Armida* : c'est dire le prix de cette captation réalisée à Florence en 1952, devant un public médusé par la performance de l'héroïne !**

Maria Callas », poursuit Lorcey, qui note que le décorateur Savinio « ne fera pas étalage du meilleur goût dans ses costumes pauvrement stylisés et ses grandes toiles faussement naïves, où éclatent, ici et là d'énormes taches de peintures... De son côté, le chorégraphe Léonide Massine, engagé pour régler les nombreux ballets prévus par Rossini, montrera une totale méconnaissance de cette partition. Maria devra même se défendre avec quelque violence lorsqu'il prétendra organiser les évolutions de ses danseuses autour d'Armide pendant l'air extrêmement difficile *D'amore al dolce impero*. Elle aura gain de cause, évidemment, mais les répétitions se dé-

Armida

rouleront dans une ambiance plutôt tendue... »
À ses côtés, une distribution de bonne tenue, qui a été extrêmement difficile à réunir cependant, tant elle requiert trois ténors de premier plan : Rinaldo est incarné par Francesco Albanese (1912 – 2005), Carlo par Gianni Raimondi (1923 – 2008), deux artistes qui s'illustreront principalement dans les rôles de ténor lyrique et retrouveront Callas à d'autres occasions, tandis que Gernando échoit à Mario Filippeschi (1907 – 1979), doué d'une voix plus vaillante et dramatique. Maria Callas, pour qui les opéras de Rossini compteront au final assez peu dans le parcours (elle a chanté *Le Turc en Italie* deux ans plus tôt et abordera en 1956 *Le Barbier de Séville*) ne léguera jamais au studio son interprétation d'Armida : c'est dire le prix de cette captation *live* réalisée à Florence en 1952, devant un public plus médusé encore par la performance de l'héroïne que par les beautés d'un opéra enfin révélées.

Le génie du burlesque

Gioacchino Rossini voit le jour à Pesaro, dans la région des Marches sur la côte Adriatique, le 29 février 1792. Ses parents sont tous deux musiciens (le père, corniste, la mère, chanteuse). Dès l'âge de dix ans, Rossini étudie le cor, tout en travaillant sa voix. Quatre ans plus tard, il entre à l'Accademia Filarmonica de Bologne, prend des leçons particulières avec Giuseppe Prinetti, puis bien vite, parfait son éducation avec l'apprentissage du chant, du piano, du violoncelle, de l'orchestration et de la direction, sans oublier l'harmonie et le contrepoint. Il découvre les partitions de Haydn, Mozart puis lit avec avidité les œuvres du Tasse, de Dante, de Pétrarque : à coup sûr rôdent dans les parages

Gioacchino ROSSINI

" Je n'ai **compris** le sens de la **"vocalisation" rossinienne** qu'en entendant **Callas** dans ce **rôle** "

Fedele d'Amico

Armida

la *Jérusalem délivrée* et sa fameuse *Armide*. Sa réputation en tant que répétiteur et accompagnateur grandit dans les théâtres de la région. Domenico Mombelli, ténor, compositeur et entrepreneur de spectacle, l'engage pour achever les numéros d'un *Demetrio e Polibio*... que Rossini composera finalement entièrement !

Le Théâtre San Moise de Venise découvre, le 3 novembre 1810, son premier véritable opéra, une farce comique en un acte nommée *La cambiale di Matrimonio* (Le Mariage par lettre de change), sur un livret de Gaetano Rossi : si l'on y perçoit l'influence de Mozart, quelques touches de Mayr, Paisiello et Cimarosa, la veine est déjà très personnelle, avec une énergie qui semble contaminer chaque mesure. À dix-huit ans, le jeune compositeur maîtrise les rouages des meilleures comédies.

À peine rentré à Bologne, il donne *L'Equivoco Stravagante* au Teatro del Corso (octobre 1811), puis réitère à Venise quatre délicieux ouvrages en un acte *L'inganno felice* (janvier 1812), *La Scala di Seta* (mai 1812), *L'occasione fa il ladro* (novembre 1812) et *Il Signor Bruschino* (janvier 1813). Quatre succès. À l'hiver 1812, il a eu le temps de brosser un *Ciro in Babilonia* pour Ferrare, et, quelques mois plus tard (le 26 septembre) de faire ses débuts à la Scala de Milan avec *La Pietra del Paragone (La Pierre de touche)* : l'engouement est tel que ce mélodrame est repris plus de cinquante fois au cours de la saison.

Avec *Ciro*, Rossini aborde pour la première fois le genre sérieux (*opera seria* en italien), forme noble par définition qui, depuis l'*Orfeo* de Monteverdi en 1607, a inspiré deux siècles d'opéra (Lully, Haendel, Rameau, Gluck...), et sur laquelle bien des compositeurs se sont

Gioacchino ROSSINI

fait les dents ; avec la naissance de l'opéra-comique au XVIIIe siècle, l'art lyrique a élargi ses horizons, et Mozart a été l'un des premiers à revisiter aussi magistralement ces formes, tant sérieuses *(Idoménée)* que bouffes *(Les Noces de Figaro)* ; avec le *dramma giocoso* (drame joyeux) *Don Giovanni*, il a même réalisé une synthèse prodigieuse des deux et indiqué une sorte de chemin à suivre pour ses successeurs. Aussi, lorsqu'il répond au nombre grandissant de commandes, le jeune Rossini sait parfaitement alterner les genres : des drames et des mélodrames héroïques comme *Tancrède, Aurélien à Palmire* (1813) ou *Sigismondo*

« Rossini déploie un sens du rythme neuf à l'opéra et réinvente la notion de virtuosité chantée, qu'elle soit purement acrobatique, ou qu'elle joue sur la parole même... »

(Venise, 1814), des comédies comme *L'Italienne à Alger* (1813), *Le Turc en Italie* (1814), *Le Barbier de Séville* (1816), et parfois aussi des « drames joyeux » ou « *semiserio* » comme *Torvaldo* et *Dorliska* (1815), voire *La Pie voleuse* (1817).
Musicalement, Rossini déploie un sens du rythme neuf à l'opéra et réinvente la notion de virtuosité chantée, qu'elle soit purement acrobatique, avec vocalises et colorations, ou qu'elle joue sur la parole même : en effet, le musicien sait comme nul autre décortiquer mots et syllabes et tirer de ces découpages des effets de théâtre

à la limite du surréalisme. À ce titre, voyons le finale du premier acte de *L'Italienne à Alger*, intégralement construit sur des onomatopées, ou encore le sextuor « *Questo è un nodo avviluppato* » du second acte de *La Cenerentola* (*Cendrillon*, 1817), où tous les personnages roulent le « r » au même moment sur le mot *gruppo*, donnant au « *nœud embrouillé* » et à « *l'écheveau enchevêtré* » qu'ils décrivent une teneur absolument loufoque. Dans son *Rossini* (Éditions Bleu Nuit, 2009), Gérard Denizeau évoque à juste raison une « mécanisation du burlesque. » Et Stendhal ne dit rien d'autre lorsqu'il écrit, dans sa *Vie de Rossini*, que « le premier caractère de sa musique est une rapidité qui éloigne de l'âme toutes les émotions sombres si puissamment évoquées des profondeurs de notre âme par les notes lentes de Mozart. J'y vois ensuite une fraîcheur qui, à chaque mesure, fait sourire de plaisir. »
Pourtant, la musique de Rossini raterait tous ses effets si elle ne s'appuyait sur un art du *crescendo* mené de main de maître, présent dans la plupart de ses opus et en particulier dans ses ouvertures d'opéras : un *tutti* d'avertissement prépare les spectateurs, suivi d'une mélodie fringante aux cordes, avant qu'une seconde partie ne fasse savamment monter la tension autour de thèmes énoncés par les bois (flûtes et piccolos), repris et repris avec insistance jusqu'à l'explosion *fortissimo*. Avec cette arme infaillible, Rossini conquiert un à un les grands théâtres de la Péninsule, qui se battent pour lui arracher une nouvelle œuvre. Et s'il est difficile de faire face à la demande, il ne tiendra qu'à lui de recycler ici ou là quelques vieux numéros qui ont bien marché antérieurement : de Haendel à Vivaldi, quel compositeur n'a pas agi ainsi ?

Maria Callas au pupitre lors d'un enregistrement au Kingsway Hall de Londres en 1959.

Gioacchino ROSSINI

> ***D'amore al dolce impero*** est le plus fabuleux **témoignage** des moyens **inouïs** dont dispose **Callas** à cette époque

Jacques Lorcey

Direction Naples

Réclamé par les principales villes italiennes, c'est tout naturellement que Rossini s'attire les faveurs du prestigieux Théâtre San Carlo de Naples. Inauguré en 1737 avec *Achille in Scirro* de Sarro (livret de Métastase), il est alors, avec ses 184 loges, le plus vaste et le plus somptueux théâtre d'Europe. Tout au long du XVIIIe siècle, le San Carlo représente un peu le centre névralgique de l'*opera seria* en Italie. Avec un orchestre permanent de quarante-deux musiciens, il peut s'enorgueillir d'une troupe de chanteurs exceptionnels. Toute l'attention se focalise sur le chant et la musique, la mise en scène étant reléguée au second plan ; les compositeurs Leo, Vinci, Porpora, Hasse, Traetta, Paisiello offrent, eux, la quintessence du style dit napolitain. En 1777, le théâtre est modifié et agrandi, mais, en 1812, il est détruit par les flammes. Le roi Ferdinand Ier charge alors l'impresario Domenico Barbaja (1778 – 1841) de donner toute sa mesure au théâtre reconstruit par Niccolini. Le 12 janvier 1817, Naples inaugure en grande pompe le nouveau San Carlo avec *Il Sogno di Partenope* de Simon Mayr. La salle, toujours aussi grande avec ses 3 500 places est, à peu de choses près, celle qu'on admire encore aujourd'hui à Naples.

Gioacchino Rossini signe un contrat juteux avec le San Carlo : Barbaja compte sur lui pour redorer le lustre d'un théâtre qui, sous le règne de Ferdinand Ier, a vu un peu son étoile pâlir. Il lui confie ainsi la direction musicale. « Naples est le lieu natal des beaux chants, note Stendhal. L'orchestre de San Carlo est fort supérieur à celui de la Scala. » Rossini dispose d'une troupe vocale de premier plan, et peut, chaque année, utiliser ses ressources pour imaginer les opéras les plus fous et écrire sur mesure des rôles pour la *prima donna* locale, l'Espagnole Isabella

Gioacchino ROSSINI

Colbran (1785 – 1845) – sa future épouse. Tous ses opéras napolitains, qui aborderont des sujets sérieux (ou semi-sérieux), réinventent en profondeur l'*opera seria* grâce à une écriture chorale et orchestrale renouvelée, assez expérimentale parfois. Entre *Elisabetta, regina d'Inghilterra* (1815) et *Zelmira* (1822), Rossini écrira sept autres opéras pour le San Carlo : *Otello* (1816), *Armida* (1817), *Mosè in Egitto* et *Ricciardo e Zoraide* (1818), *Ermione* et *La donna del lago* (1819), *Maometto Secondo* (1820). À l'expiration de son contrat, le musicien quittera l'Italie en offrant un ultime opéra seria à Venise (*Semiramide*, 1823). Couvert de lauriers, Gioacchino Rossini gagne la France, mais décide de ralentir le rythme : *Il Viaggio a Reims* voit

« À 37 ans, Rossini pose la plume et prend sa retraite. Seuls quelques *Péchés de Vieillesse* fleuriront de temps à autre, sous la forme de pièces pour piano ou de pages de musique sacrée »

le jour au Théâtre Italien de Paris, en 1825, à l'occasion du sacre de Charles X, tandis que *Le Siège de Corinthe* (1826) et *Moïse et Pharaon* (1827) reprennent, pour la scène parisienne, les grandes lignes de deux de ses opéras napolitains. Après la comédie grivoise du *Comte Ory* (1828), bourrée d'emprunts au *Viaggio a Reims*, il achève l'année suivante, pour l'Opéra de Paris, son *Guillaume Tell*, pierre fondatrice du grand opéra à la française. Ce sera son dernier ouvrage majeur. À 37 ans en effet, il pose la plume et prend sa retraite. Seuls quelques *Péchés de*

Armida

Vieillesse fleuriront de temps à autre, sous la forme de pièces pour piano *(Mon prélude hygiénique du matin, Gymnastique d'écartement, Ouf les petits pois!)* ou de pages de musique sacrée *(Stabat Mater, Petite Messe solennelle)*...
À Paris, le vieux Rossini fait salon, glisse quelques réflexions et prodigue parfois ses recommandations : « J'ai toujours aimé le naturel et la franchise, écrit-il en 1853 au comte Donà. Si je devais donner un bon conseil, je dirais qu'il faut toujours respecter le naturel au lieu de s'enliser dans les extravagances et les diableries. Les philosophes modernes ont bien du mal à remettre de l'ordre dans l'esprit de l'humanité crédule. » Il lui arrive aussi d'aider quelques jeunes confrères italiens (Bellini, Donizetti, Verdi) venus tenter leur chance dans la capitale française. « Son accueil m'a paru être sincère, écrit le futur auteur de *La Traviata* en quête de reconnaissance. De toute façon, j'en ai été ravi. Quand je pense que Rossini est devenu une gloire mondiale de son vivant, je voudrais me tuer, moi et tous les imbéciles comme moi ! Ah ! Que c'est une grande chose que d'être Rossini !... » Gioacchino Rossini s'éteint à Passy, le 13 novembre 1868.

Réinventer la magie

S'aventurer dans *Armide* sur une scène d'opéra en 1817 n'a rien de particulièrement original. Le mythe de la magicienne, né de l'imagination du Tasse (Torquato Tasso en italien) en 1581, a déjà passionné maints compositeurs, et Rossini ne fait qu'ajouter une pierre à un édifice fort solide. En 1686, les amours d'Armide et de Renaud ont inspiré à Jean-Baptiste Lully et Philippe Quinault la dernière de la tragédie en musique *(Armide)* : une partition forte, dense, constamment inventive, dont la richesse des chœurs et des ballets ne doit

Maria Callas prend la pose à son domicile parisien en 1959.

Gioacchino ROSSINI

" Le premier **caractère** de la musique de **Rossini** est une **rapidité** qui éloigne de **l'âme** toutes les **émotions sombres** "

Stendhal

Armida

CD 1&2

pas occulter le portrait tout en nuances de l'héroïne. Impossible d'oublier l'air de Renaud au premier acte « Plus j'observe ces lieux et plus je les admire », la scène terriblement noire d'Armide et de la Haine au troisième acte, et la magistrale Passacaille du cinquième, pièce orchestrale aux teintes crépusculaires.

Moins d'un siècle plus tard, Christoph Willibald Gluck reprend intégralement le livret de Quinault (amputé de son prologue néanmoins) et coule une nouvelle musique sur le drame : cette *Armide* nouvelle remporte un triomphe à l'Académie Royale de Musique en 1777. Sept ans plus tôt, Niccolo Jomelli a offert aux Napolitains une *Armida Abbandonnata* sur un livret de Francesco Saverio de Rogati : cette œuvre à grand spectacle est le couronnement absolu du *bel canto*, la partie visuelle s'étourdissant de magie, de monstres, de bois enchantés et de mille effets spéciaux ; le petit Mozart, qui découvre, ébloui, cette *Armida* au San Carlo de Naples la trouve « bien écrite », avant de la juger, quelques jours plus tard, « belle, mais trop vieux jeu pour le théâtre ». Citons encore, au XVIIIe siècle, l'*Armida* de Joseph Haydn (Palais Eszterhaza, 1784) et le *Rinaldo* de Haendel (Londres, 1711), au sein duquel la magicienne *Armida* occupe une place de premier plan. En 1904 enfin, Anton Dvorak conclura sa carrière lyrique avec une *Armida*, l'un de ses pires échecs à l'opéra…

Parmi ces innombrables *Armide*, en quoi se distingue donc celle de Rossini ? Par son degré hallucinant de virtuosité vocale, d'abord, du sur mesure pour Isabella Colbran. « Dans les opéras napolitains, la soprano aiguë incarnant l'amoureuse ingénue n'apparaît que dans Elisabetta, en tant que rivale de la protagoniste (Matilde), explique Rodolfo Celletti, dans son *Histoire du bel canto* (Fayard, 1987). Dans tous les autres cas, les

Gioacchino ROSSINI

rôles de soprano reflètent certaines des caractéristiques fondamentales de la Colbran, qui jouissait, dans les théâtres royaux de Naples, une position prééminente. La Colbran avait commencé sa carrière comme contralto, mais y faisant montre d'une exceptionnelle étendue vocale. En fait, elle fut une mezzo-soprano aiguë, comme après elle Giuditta Pasta et Maria Malibran, et sa facilité dans le registre aigu l'amena peu à peu à se tourner vers les rôles de soprano. Elle ne fut jamais, cependant, une soprano aiguë du type des ingénues amoureuses des premiers opéras de Rossini. Elle fut plutôt une soprano de tessiture centrale, avec, çà et là, des touches de mezzo-soprano. » Annoncée plusieurs mois à l'avance, cette *Armida* doit être le premier opéra de Rossini écrit pour le tout nouveau San

« Rossini s'adapte de son mieux aux exigences de Schmidt et livre une musique très différente, dans sa structure, des *Barbier* ou autre *Tancrède* qui ont assis sa réputation »

Carlo. « Monsieur Rossini, arrivé parmi nous depuis quelques jours, s'applique en ce moment à écrire l'*Armide*, nouveau drame de monsieur Schmidt, annonce le *Journal des Deux Siciles* du 11 août 1817. Quel plus bel argument pour exciter l'imagination animatrice de l'auteur bien connu de l'*Élisabeth* ? Ce même argument fut mis en musique par Gluck en France et par Jommelli sur les scènes royales du Théâtre San Carlo. Jommelli eut la chance de vêtir de ses douces manières musicales les vers de monsieur Don Francesco Saverio de Rogatis, juge à la Cour suprême de

Armida

Justice, et le premier poète qui ait fait dignement parler à Anacréonte le doux langage "del paese là dove il sì suona" ». En septembre 1817, le journal revient sur l'évènement : « Les spectacles se taisent, mais le monde théâtral, lui, ne se tait pas. Rossini s'applique à vêtir l'*Armida* de M. Schmidt de musique originale ; et Rossini, lorsqu'il le veut, peut et sait être original. » Barbaja, qui a certainement contribué au choix du sujet, entend montrer tout le potentiel artistique du San Carlo autant que sa machinerie ; en plus de faire valoir la Colbran et les ténors de la troupe, il faudra donc qu'*Armida* compte pléthore de décors, de costumes, de ballets, et tout ce qu'il faut de transformations à vue : autrement dit, du spectaculaire et de l'extravagant.

Si la collaboration est tendue entre Rossini et Giovanni Federico Schmidt (librettiste de son *Elisabetta* deux ans plus tôt), c'est que le sujet choisi n'enchante ni l'un l'autre. Dans une préface au livret, Schmidt déplore sa propre incapacité à « suivre les règles de l'art dramatique » et se plaint « des contraintes du système actuel, lequel, exigeant une complication de ces soi-disant *pezzi concertati* (morceaux d'ensemble), oblige le poète à un très petit nombre de récitatifs afin de ne pas provoquer l'ennui chez les spectateurs. » Rossini s'adapte de son mieux aux exigences de Schmidt et livre une musique très différente, dans sa structure, des *Barbier* ou autre *Tancrède* qui ont assis sa réputation : l'orchestre et le chœur jouent un rôle accru au sein du drame, au détriment de récitatifs réduits substantiellement, tandis que les airs, les duos et les ensembles se déploient au sein de scènes plus développées et organiquement plus cohérentes.

Malgré cette débauche d'art et de moyens, *Armida* est boudée par le public à sa création le 11 novembre 1817. Dans un chapitre de sa *Vie de Rossini*, Stendhal fustige « l'auteur du *libretto* qui laisse languir l'intérêt, et a

Gioacchino ROSSINI

> "Il faut **toujours** respecter le **naturel** au lieu de **s'enliser** dans les **extravagances** et les **diableries**"
>
> *Gioacchino Rossini*

Armida

gâté d'une manière pitoyable le beau récit du Tasse. » Pourtant, relate l'écrivain, « il y a beaux chœurs, et on y trouve un des plus beaux *duetti* de Rossini, peut-être le plus célèbre de tous *"Amor, possente nome"*. L'extrême volupté qui, aux dépens du sentiment, fait souvent le fond des plus beaux airs de Rossini, est tellement frappante dans le *duetto* d'*Armide*, qu'un dimanche matin qu'il avait été exécuté d'une manière sublime au Casin de Bologne, je vis les femmes embarrassées de le louer. On dirait que ce *duetto* est d'un commençant ; il y a des longueurs vers la fin de la première partie. »

À plusieurs reprises – même lorsqu'il s'éloigne d'un sujet musical –, Stendhal reviendra sur ce duo qui le hante, seule scène d'*Armida* qui semble trouver grâce à ses yeux. Voilà par exemple comment il l'introduit dans son essai esthétique *De l'amour* (1822) : « L'habitude de la musique et de sa rêverie prédispose à l'amour. Un air tendre et triste, pourvu qu'il ne soit pas trop dramatique, que l'imagination ne soit pas forcée de songer à l'action, excitant purement à la rêverie de l'amour, est délicieux pour les âmes tendres et malheureuses par exemple, le trait prolongé de clarinette, au commencement du quartette de *Bianca e Faliero*, et le récit de la *Camporesi* vers le milieu du *quartetto*. L'amant qui est bien avec ce qu'il aime, jouit avec transport du fameux *duetto* d'*Armida* et *Rinaldo* de Rossini, qui peint si juste les petits doutes de l'amour heureux, et les moments de délices qui suivent les raccommodements. Le morceau instrumental qui est au milieu du *duetto*, au moment où Rinaldo veut fuir, et qui représente d'une manière si étonnante le combat des passions, lui, semble avoir une influence physique sur son cœur, et le toucher réellement. Je n'ose dire ce

Gioacchino ROSSINI

que je sens à cet égard, je passerais pour fou auprès des gens du Nord. » Enfin, n'y allant pas par quatre chemins, il évoque très crûment l'effet puissant de cette musique dans une lettre au Baron de Mareste : « Rossini a fait dans *Armide* un duo qui vous fera bander d'amour pendant dix jours. Si votre vessie vous le permet, entendez cela… »

Signe que l'ouvrage n'a guère plu, *Armida* connaîtra peu de reprises : en novembre 1818, les Vénitiens lui réservent le même accueil, et vingt ans plus tard, elle disparaît totalement des scènes… pour ne revenir qu'en 1952 à Florence avec Callas. Plus près de nous, la soprano américaine Renée Fleming l'abordera au Festival

Armida et Rinaldo se connaissent bien, et lorsqu'ils se retrouvent, ils s'avouent de nouveau leur amour. Gernando les surprend alors…

Rossini de Pesaro (1993), avant de la reprendre au Metropolitan Opera de New York (2010 et 2011). Quant à Rossini, il réutilisera les thèmes du ballet du second acte pour son *Moïse et Pharaon* français, et glissera ceux du duo Carlo-Ubaldo de l'acte suivant dans l'aria de Corinne du *Voyage à Reims*. Par ailleurs, quelques célèbres mélodies de l'opéra seront reprises sous la forme de thèmes et variations par Antonio Fanna *(Capriccio per piano-forte a quattro mani)*, Caspar Kummer *(Adagio & variations sur un thème de l'opéra Armida)* et Luigi Gambale *("Cara per te quest'anima")*.

Armida

CD 1&2

Au temps des croisades
L'action se déroule durant les croisades, et le rideau du premier acte se lève sur une oasis aux portes de Jérusalem. Goffredo (ténor – en réalité Godefroy de Bouillon), commandant des forces chrétiennes alliées, réconforte et rassemble les soldats qui pleurent la mort récente de leur chef. Une « dame royale », qui se présente comme la souveraine légitime de Damas, prétend que son trône a été usurpé par son oncle malveillant, Idraote (basse) et demande aide et protection. C'est en fait la magicienne Armida (soprano), complice d'Idraote, déguisé à ses côtés : leur plan consiste à affaiblir les Croisés en enrôlant leurs meilleurs soldats. Les hommes sont tellement éblouis par sa beauté qu'ils parviennent à convaincre Goffredo de l'aider : avant de partir, il leur faut choisir un nouveau chef, et c'est Rinaldo, le meilleur soldat croisé, qui est élu. Cela provoque la jalousie du chevalier Gernando (ténor) qui entame un air furieux (*Non soffrirò l'offesa* : « Je ne souffrirai pas l'offense »).
Armida et Rinaldo se connaissent bien, et lorsqu'ils se retrouvent, ils s'avouent de nouveau leur amour (*Amor, possente nome* : « Amour, puissant nom »). Gernando les surprend, mais lorsqu'il engage un duel avec Rinaldo, il se fait tuer. Horrifié par son geste, Rinaldo s'enfuit avec Armida avant que Goffredo ne le punisse.
Le deuxième acte se déroule dans une forêt effrayante. Astarotte (ténor), l'un des princes de l'enfer, est à la tête d'un groupe de démons décidé à venir en aide à Armida (*Alla voce d'Armida* : « À la voix d'Armide »). Cette dernière arrive avec Rinaldo, complètement ensorcelé par son charme. Même lorsqu'elle lui avoue son complot avec Idraote, il ne se retourne pas contre

Gioacchino ROSSINI

> **Rossini** s'applique à vêtir l'**Armida** de M. Schmidt de **musique** originale ; et **Rossini**, lorsqu'il le veut, peut et sait être **original**

Journal des Deux Siciles

elle. Devant Rinaldo ébloui, Armida transforme la forêt en un vaste palais des plaisirs. Elle médite sur le pouvoir de l'amour (*D'amore al dolce impero* : « Le doux empire de l'amour ») et offre à Rinaldo un divertissement en forme de pantomime évoquant un guerrier séduit par des nymphes. Ayant perdu tout sens de l'honneur militaire, Rinaldo succombe aux enchantements d'Armida.

Le décor du troisième acte représente le jardin enchanté de la magicienne. Deux guerriers francs, Ubaldo et Carlo (ténors) sont envoyés en mission pour sauver Rinaldo (*Come l'aurette placide* : « Comme les calmes zéphyrs »). Lorsqu'ils parviennent à ces lieux féeriques, ils sont éblouis par leur beauté, même si tout cela n'est qu'une illusion. Ils résistent aux avances des nymphes qui tentent de les séduire, avant de se cacher lorsque Rinaldo et Armida apparaissent (*Soavi catene* : « Douces chaînes »). Rinaldo est toujours captivé par la sorcière, mais une fois seul, Ubaldo et Carlo l'affrontent. Lorsqu'ils lui tendent un bouclier dans lequel il peut contempler son reflet, Rinaldo est horrifié par cette image indigne d'un héros (*In quale aspetto* : « Dans quelle apparence »). Malgré son amour pour Armida, Rinaldo et ses guerriers parviennent finalement à s'enfuir. La magicienne en appelle aux pouvoirs de l'enfer pour qu'ils lui ramènent son amant, mais en vain. Elle s'enfuit à leur poursuite, tente de les arrêter, avant qu'ils ne prennent la mer : elle implore Rinaldo de ne pas l'abandonner, mais le héros ne peut plus reculer. Abandonnée, Armide jure vengeance. (*Se al mio crudel tormento* : « Si mon tourment cruel »). Elle détruit son palais et s'envole sur son char. Rideau.

THIBAULT BOUCHARD

> **Rossini** a fait dans ***Armide*** un **duo** qui vous fera **bander** d'amour pendant **dix jours**. Si votre **vessie** vous le **permet**, entendez cela

Stendhal

GIOACCHINO
ROSSINI
EN QUELQUES DATES

Gioacchino ROSSINI
en quelques dates

■ 1792
Naissance de Gioacchino Antonio Rossini le 29 février à Pesaro

■ 1804
Il compose ses premières partitions, consacrées à la musique de chambre

■ 1806
Il est admis au prestigieux Liceo Musicale de Bologne. Quelques mois plus tard, il entre à l'Académie Philharmonique, naguère fréquentée par Wolfgang Amadeus Mozart

■ 1810
Création de son premier opéra *La Cambiale di matrimonio* au théâtre San Mosè de Venise

■ 1811
Création de l'*Equivoco stravagante*, opéra retiré par la censure après seulement trois représentations

■ 1813
Création triomphale de *Tancrède* à la Fenice de Venise puis de *L'Italienne à Alger* au théâtre San Benedetto, le 22 mai

■ 1814
Échec retentissant de *Sigismondo*

■ 1815
Il est engagé par l'imprésario Domenico Barbaja, également directeur du prestigieux San Carlo de Naples. Il s'installe à Naples où il rencontre la cantatrice Isabella Colbran

■ 1816
La création du *Barbier de Séville* au théâtre Argentino de Rome le 20 février est un échec

■ **1817**
Création de la *Cenerentola* au Théâtre Valle de Rome le 25 janvier

■ **1821**
Il part en voyage à Vienne et rencontre Ludwig van Beethoven

■ **1822**
Mariage avec la cantatrice Isabella Colbran le 16 mars

■ **1824**
Stendhal publie la *Vie de Rossini*

■ **1825**
Il compose *Le Voyage à Reims* pour le sacre du roi Charles X. La création a lieu le 19 juin

■ **1829**
Création de *Guillaume Tell* à Paris le 3 août, c'est le dernier opéra du compositeur

■ **1837**
Il divorce d'Isabella Colbran

■ **1841**
Composition de son fameux *Stabat Mater*

■ **1846**
Il se remarie avec Olympe Pélissier le 16 août, modèle du peintre Horace Vernet

■ **1864**
Première interprétation de sa *Petite messe solennelle*

■ **1868**
Il meurt dans sa maison de Passy le 13 novembre et est inhumé au cimetière du Père Lachaise. Sa dépouille sera transférée à Pesaro en 1887

LES MOTS
DE L'OPÉRA

LES MOTS DE L'OPÉRA

AIR/ARIA : D'une manière générale, un air est une mélodie interprétée soit *a cappella*, soit accompagnée par un ou plusieurs instruments, et insérée dans une œuvre vocale ou instrumentale pour mettre en valeur un soliste. Apparu au XVIe siècle dans le répertoire des luthistes, ce terme a désigné, à la période baroque, l'un des mouvements d'une suite instrumentale. Mais c'est surtout l'opéra, de Claudio Monteverdi à Giacomo Puccini, qui lui a donné toute son importance, le déclinant de diverses façons (air sérieux, air tendre…). À partir de Richard Wagner, il se confondra fréquemment avec le récitatif pour atteindre la « mélodie continue ».

CADENCE : La cadence correspond à la phrase conclusive d'un morceau, ou à la formule mélodique ou harmonique concluant une phrase musicale. Par extension, ce terme désigne une improvisation placée le plus souvent avant la fin d'un mouvement, et permettant au soliste de faire preuve de sa virtuosité.

CLASSIQUE : Si le terme a bien sûr aujourd'hui d'autres usages, dans le domaine de l'histoire de la musique, l'ère classique est celle qui succède au baroque, et s'étend de la mort de Bach (1750) à 1800 (Beethoven a trente ans). Ses principaux caractères sont la disparition du continuo et l'importance accrue donnée à l'harmonie, au détriment du contrepoint. C'est Joseph Haydn qui assura la transition vers le classique, que Wolfgang Amadeus Mozart s'employa à magnifier.

CRESCENDO : Le *crescendo* (« croissant » en italien), qui s'oppose au *decrescendo*, est une indication de nuance désignant, à partir du XVIIIe siècle, l'augmentation progressive de l'intensité du son. Il s'est vu confier de plus en plus d'importance à mesure que s'amplifiaient les effectifs orchestraux. Le *Boléro* de Ravel est l'exemple parfait d'un long *crescendo* obtenu par accumulation successive d'instruments.

HARMONIE : L'harmonie se distingue de la mélodie, qui ordonne « horizontalement » une succession de notes : c'est l'empilement « vertical » de notes sous forme d'accords (accords parfaits, majeurs, mineurs…), dont la combinaison, suivant des règles très strictes, est à la base de la musique tonale (qui s'appuie sur le principe de la tonalité), et s'oppose à la musique dodécaphonique.

HAUTE-CONTRE : Le haute-contre (ou contre-ténor ou contraténor) est un chanteur ayant recours à une technique spéciale (voix de tête) pour atteindre la tessiture d'une contralto (la voix grave de femme). Il faut en effet remonter à l'époque baroque et avant, où les femmes n'avaient pas le droit de chanter en soliste dans la musique religieuse : les parties de soprano et d'alto étaient ainsi confiées à de jeunes garçons et à des hautes-contre. Avec le renouveau de l'interprétation baroque, ces derniers sont aujourd'hui à nouveau très souvent employés.

INTERMEZZO : Un intermezzo est une courte pièce instrumentale servant de transition entre deux actes d'une pièce ou d'un opéra, parfois accompagné de chant ou de danse.

LEGATO : Jouer *legato* (« lié » en italien), c'est jouer sans détacher les notes et sans interruption entre les sons. Ce terme fait son apparition vers la fin du XVIIIe siècle et s'oppose au jeu non *legato* et au jeu *staccato* (« piqué », « détaché »).

MÉLODIE : La mélodie désigne d'une part la succession des différentes notes qui, s'opposant à l'harmonie, constitue avec celle-ci le paramètre fondamental de l'histoire de la musique. D'autre part, le terme correspond également à une pièce vocale avec ou sans accompagnement.

OPÉRA : L'opéra, l'un des genres les plus féconds de l'histoire de la musique occidentale, a fait son apparition en Italie vers le début du XVIIe siècle. Il s'agit d'une sorte de pièce de théâtre mise en musique, dans laquelle texte, intrigue et musique ont une importance égale. Les multiples aspects techniques (décors, costumes, lumières, chorégraphies…) font d'un opéra une véritable œuvre d'art « total ». L'opéra n'a pas de forme bien précise en dehors des éléments fondamentaux que sont l'ouverture (introduction instrumentale), le récitatif vocal ou les dialogues parlés, les airs, les intermezzos et les finales conclusifs. L'opera seria, l'opera bufa, le bel canto, le Singspiel allemand, l'opéra vériste… sont autant de genres à part entière. *Dafné* (1594), du Florentin Jacopo Peri, est la première œuvre du genre répertoriée (mais elle est aujourd'hui perdue) ; elle sera suivie de très nombreux chefs-d'œuvre signés par les plus grands compositeurs.

OPUS : Signifiant « œuvre » en latin, ce mot est utilisé depuis le XVIIe siècle par les compositeurs, mais aussi par les éditeurs, pour numéroter leurs compositions. Les numéros d'opus, qui suivent en général l'ordre chronologique de publication plutôt que de composition (un opus peut aussi être posthume, si l'œuvre a été publiée après la mort de son auteur), sont ainsi in-

LES MOTS
DE L'OPÉRA

dispensables à l'appréhension globale de l'œuvre d'un musicien. Signalons également l'importance d'autres termes de classification : les noms des musicologues ayant réalisé le catalogue des œuvres d'un compositeur, tels que Köchel (abrégé en K) pour Mozart, Hoboken (abrégé en H ou Hob) pour Haydn ou bien sûr Peter Ryom (abrégé RV) pour Vivaldi.

PIZZICATO : Jouer en *pizzicato* (« pincé » en italien), pour les instruments à cordes, c'est pincer la corde avec les doigts au lieu de la frotter avec l'archet, ce qui produit un son court et net. Cette technique a été très fréquemment utilisée depuis son apparition au XVIIe siècle.

QUATUOR : Essentiellement vocal jusqu'à la fin de l'ère baroque, le quatuor se fit ensuite instrumental : à partir de 1750, le quatuor à cordes (deux violons, un alto et un violoncelle) devint une forme reine de l'écriture musicale, qui s'imposa à tous les grands compositeurs, de Wolfgang Amadeus Mozart à Béla Bartók.

TESSITURE : Qu'il s'agisse d'une voix ou d'un instrument, on appelle tessiture l'étendue de toutes les notes que celle-ci ou celui-ci peut exécuter, du grave à l'aigu. Pour un chanteur, la tessiture est d'environ deux octaves : la basse, le baryton puis le ténor sont les différentes voix d'hommes ; le contralto (ou l'alto) est la voix grave d'une femme ou d'un enfant (à l'origine, ce terme désignait la voix du haute-contre), suivi du mezzo-soprano et du soprano. Chaque voix peut être caractérisée davantage par son timbre (couleur) : ténor lyrique, basse profonde, soprano *colorature* (capable d'une grande virtuosité vocale)…

OUVERTURE : Toutes les grandes œuvres chantées, de même que certaines œuvres comportant plusieurs mouvements, sont en général introduites par un prélude instrumental : l'ouverture. Jusqu'au XVIIIe siècle, où elle peut être « à la française » ou « à l'italienne », l'ouverture est régie par des règles très strictes.

VARIATION : Par œuvre à variations, on entend une œuvre pour instrument seul ou pour orchestre, formée par un thème qui est ensuite repris et décliné dans une série de différentes « versions » dans lesquelles le thème, les harmonies, les timbres ou les rythmes peuvent varier. Parfois, c'est la base harmonique d'une pièce qui peut tenir lieu de thème, parfois également le thème peut être pris chez un autre compositeur.